Usei filmes PB ASA 400 para fazer estas fotos que e
revelei em papel fotográfico, em sala escura, mostra
julho de 1994 quando partindo do Brasil passei por
Paz e finalmente Cusco onde por 4 dias fiz a famosa Trilha Inca a pé chegando em Machu Picchu, espero que gostem.

As fotos mostram a vida alegre e florescente de crianças que brincam com seus irmãos e amigos, um povo simples, humilde e pacífico, no meio extremamente pobre do deserto quente e árido durante o dia e muito frio durante a noite, o desenvolvimento económico não chegou a esta região, pois o capitalismo não encontrou recursos a explorar, o que permitiu à população indígena e sua cultura serem bastante preservadas.

O povo conta muito com sua cultura ancestral ainda bastante preservada e a Lhama, animal que se adaptou à região e fornece carne e lã.

As mulheres têm muitos filhos, acesso precário à medicina e à energia elétrica.

As tecnologias modernas de comunicação ainda não chegaram às regiões visitadas.

Os efeitos da altitude são grandes para o visitante, La Paz tem uma altitude de 3640m em contraste com Santa Cruz de la Sierra, cuja altitude é 416m.

Fiz a subida da cordilheira, de Santa Cruz à La Paz em uma noite, o que leva uma baixa taxa de oxigenação no sangue e durante a adaptação (2 ou 3 dias) a locomoção se mostra difícil e há tonturas, o chá de folhas de Coca melhora o quadro.

Em 1970 a taxa de natalidade é de 6,5 filhos por mulher, em 2000 está em 4 e baixa a 3 em 2015. Em 1950 a Bolívia tinha população estimada em 2 milhões de pessoas e em 2000 havia crescido para 8 milhões.
Explico essa taxa de Natalidade alta pela valorização da família e da maternidade derivados da cultura e o catolicismo, diferentemente de países asiáticos e europeus que enfrentam baixas taxas de natalidade fruto, a meu ver, de uma cultura dominada pelo capitalismo e o estímulo ao individualismo inerente ao seu funcionamento.

O espanhol é falado por 50% da população, 45% é de etnia Quíchua e 42% Aimará.

Fábio Sacchetto Ungaro

Santa Cruz — ainda em baixa altitude

Cozinha de restaurante

La Paz a altitude faz-se sentir

Lago Titicaca

Chegando em Cusco

Na trilha Inca

Caminho de volta

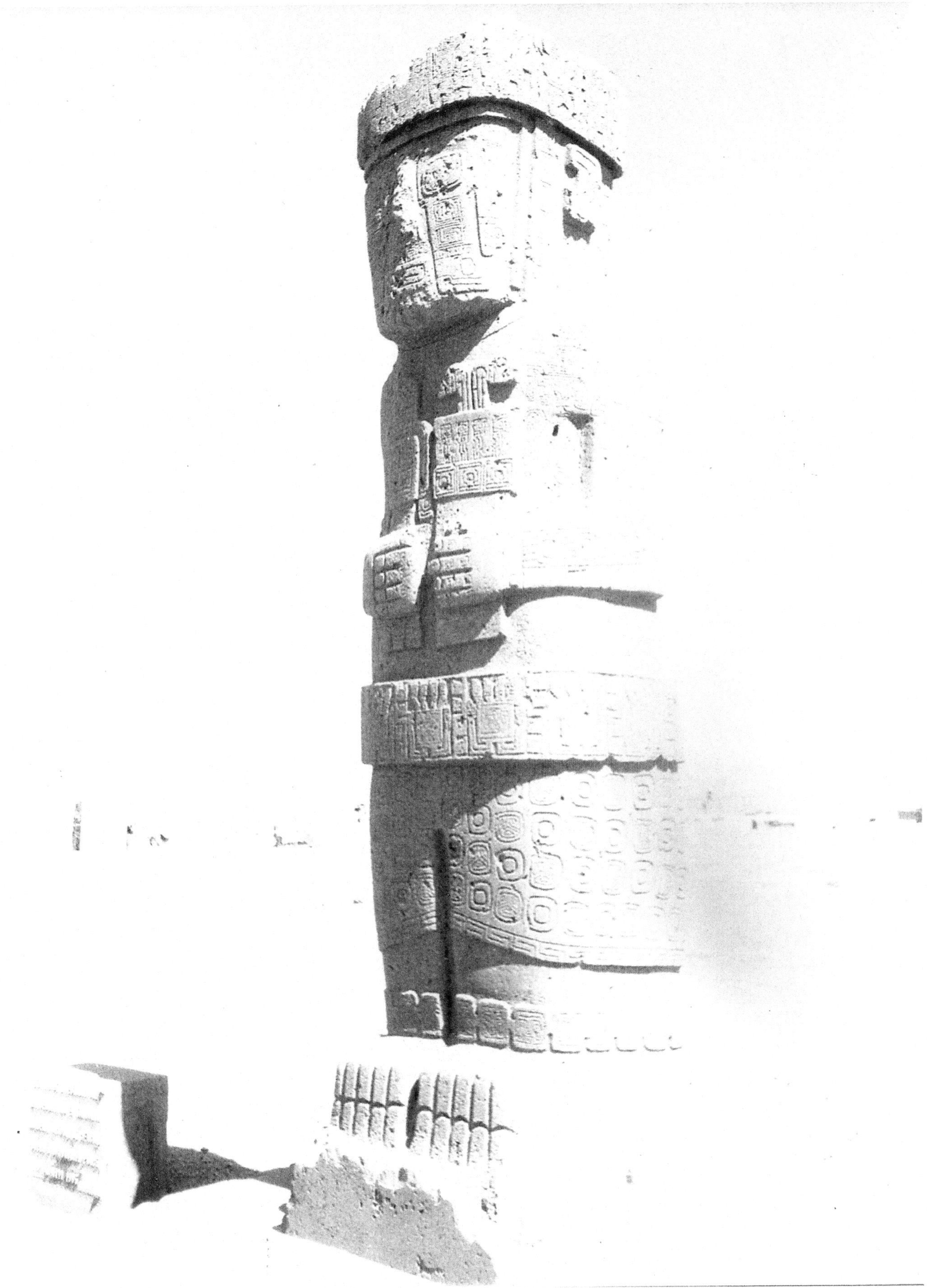

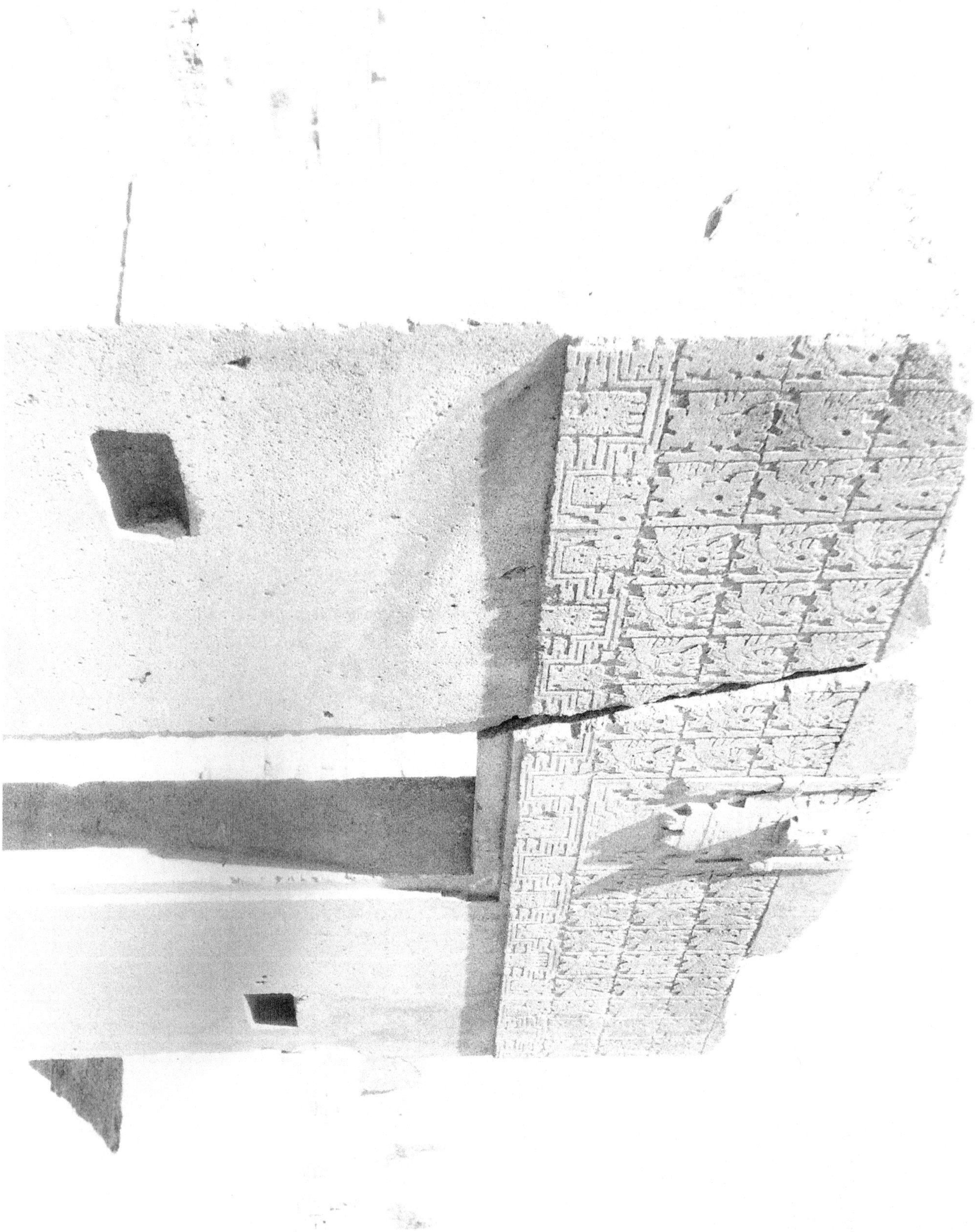

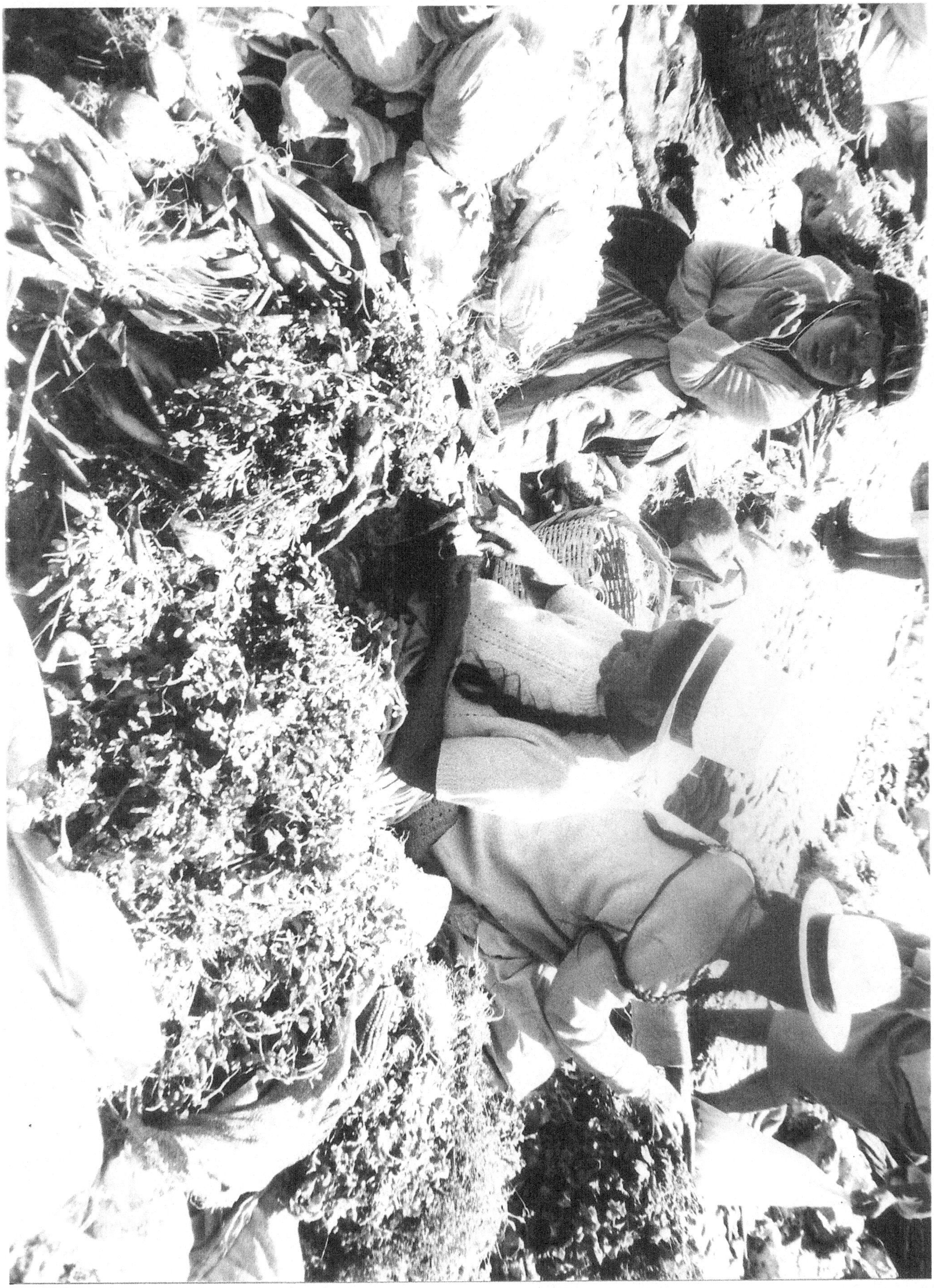

Chacaltaya 5400m

Fabio Sacchetto Ungaro

Made in the USA
Columbia, SC
17 August 2020